JN029412

改訂版

NEW
マーク・記号の大百科

5

国旗や
都市、
団体

慶應義塾大学

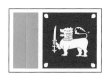

この本を読むみなさんへ

太田幸夫

　私たちの身の回りには、たくさんのマーク・記号があります。家にある電気製品、学校で使う文房具やコンピュータ、図書館にある本、駅にある案内表示、街にある自動販売機や道路標識など、さまざまなマーク・記号が思いうかぶでしょう。

　マーク・記号は、「色や形で意味を表すしるし」です。そして、それを目にした人に、何らかの意味を伝えるという役割を持っています。人に何かを伝えることを、コミュニケーションといいます。コミュニケーションの道具として、まず思いうかぶのは、ことばや文字かもしれません。ことばや文字も広い意味では、マーク・記号にふくまれますが、ことばや文字だけでは、伝えたいことがじゅうぶんに伝わらないこともあります。ことばの通じない外国人や文字の読めない小さい子とコミュニケーションをとることを想像すればわかるでしょう。そんなときに、見ただけで意味をイメージできる、ことばや文字以外のマーク・記号が大きな役割をはたします。

　このシリーズ、『改訂版　NEWマーク・記号の大百科』では、身の回りにあるマーク・記号を取り上げ、その意味や成り立ち、役割などを説明しています。この本を読むことで、マーク・記号についての知識を深めるとともに、マーク・記号が持つ大きな可能性に気づいてもらえればと思っています。

　現代は、国際化が進み、さまざまな国の人たちとの交流がさかんです。また、地球環境を守ることにも関心が高まっています。いっぽうで、大地震や津波などの災害も心配されています。じつは、マーク・記号は、こうしたこととも深い関わりを持っています。まさに現代は、マーク・記号がなくてはならない時代だといえるでしょう。このシリーズの「NEW」には、たんに「新しい」という意味だけでなく、「時代が求めることに対応している」という意味がこめられているのです。

このシリーズの使い方

　『改訂版　NEWマーク・記号の大百科』では、巻ごとにテーマを決め、そのテーマに関するマーク・記号を取り上げています。マーク・記号の意味や成り立ち、役割を説明するとともに、使われている製品などの写真をのせています。身の回りのマークや記号について調べる際の参考にしてください。どのページにどんなマーク・記号がのっているかを調べるときは、もくじやさくいんをひいてみましょう。

注意

●マーク・記号は、法律で定められているもの、JIS（日本産業規格）やISO（国際標準化機構）の規格があるもの、業界の団体や企業が独自につくっているものなどがあります。ここでは、できるだけ、マーク・記号の制定者・団体が定めたものを紹介しています。
●マーク・記号の名前は、原則として正式名称にしています。
●印刷用インクの関係で、指定されている色と少しちがう色になっているマーク・記号があります。
●色の決まりのないものは、独自につけている場合があります。
●JISの規格があるマーク・記号は、そのことがわかるように表示しています。

※本書は、『NEWマーク・記号の大百科』（2016年刊）を改訂したものです。
※特に断りのない場合は、2020年1月現在の情報に基づいています。

国旗は国の標識

国際的な会議やスポーツ大会などで、各国の国旗を見ることがあります。国旗は、国を象徴的に表す印であり、マークの一種といえます。

共通する形を探してみよう

国旗のデザイン（図がら）には、それぞれの国の歴史や国土などに関係する色や形などが取り入れられています。いくつかの国旗には、共通して使われている色や形があります。共通する色や形が、同じ意味を表している場合もあれば、ちがうものを表している場合もあります。

➡ スイスにある国際連合ジュネーブ事務所。

xdrew/Shutterstock.com

● 円

日本の国旗（日章旗）にえがかれている赤い円は、太陽を表しています。

©PIXTA

ラオスの国旗には、白い円がえがかれています。この円は、ラオスを流れるメコン川の上にかがやく満月を表し、国家統一の意味があります。

Togrul Babayev/Shutterstock.com

★ 星

アメリカ合衆国の国旗の星は、国にある州の数を表しています。州の数が増えるたびに、星の数が変えられました。

©PIXTA

オーストラリアの国旗の星のうち、右の5つは南半球でよく見える南十字星を、左の星は州と島からなる連邦を表します。

ChameleonsEye/Shutterstock.com

✚ 十字

デンマークの国旗の十字は、キリスト教を象徴する形です。この国がキリスト教の国であることを示しています。

©PIXTA

フィンランドの国旗の十字もキリスト教を表します。北欧の国の国旗には十字がえがかれていて、北欧の一員であることを表しています。

©PIXTA

4

☾ 月と ★ 星

トルコの三日月の国旗は古い歴史を持ち、ほかのイスラム教国の国旗にえいきょうをあたえました。

D-N-D/Shutterstock.com

ウズベキスタンの国旗の三日月も、イスラム教の国であることを表します。12の星は、時間や暦が12で刻まれていることを表します。

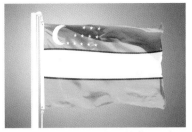

Gilmanshin/Shutterstock.com

🐺 動物

スリランカの国旗のライオンは、この国の最初の王がライオンの子孫だという伝説に基づいています。

Bildagentur Zoonar GmbH/Shutterstock.com

ザンビアの国旗にえがかれているワシは、困難に打ち勝つ国民の力強さを表しています。

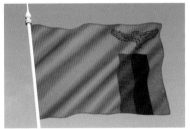

Steve Allen/Shutterstock.com

🌳 植物

赤道ギニアの国旗の紋章にある植物は、神の木とされるパンヤの木です。

Gilmanshin/Shutterstock.com

レバノンの国旗にえがかれている植物は、この国のシンボルで、神聖な木であるレバノン杉です。レバノン杉の森は世界遺産です。

Togrul Babayev/Shutterstock.com

☀ 太陽

キルギスの国旗の太陽は、この国の代表的な部族の数である40の光を放っています。中央はユルトと呼ぶテントの天井を表しています。

Steve Allen/Shutterstock.com

キリバスの国旗にある海からのぼる太陽は、世界で最も早く1日が始まる国のひとつであることを表しています。

Gilmanshin/Shutterstock.com

国のあり方や立場を象徴

その国のあり方や政治的な立場が変わると、国旗が変更されることがあります。

カナダは国旗を変更

昔イギリス領だったカナダの国旗には、イギリスの国旗ユニオンジャック（→15ページ）が入っていたが、フランス系の国民の希望で、今の国旗に変わった。

1965年までのカナダ国旗。

yui/Shutterstock.com

ニュージーランドは否決

ニュージーランドでは、ユニオンジャックの入った国旗を変えるかどうか、2016年3月に決選投票が行われたが否決された。

ニュージーランドの国旗。

©PIXTA

国や国際機関のマーク

国を表すマークの代表的なものが国旗です。国旗は、大切にあつかわれ、乱暴なあつかいをすると、その国自体をぶじょくしたと見なされることもあります。国際連合などの国際機関には、その機関を表すマークがあり、そのマークをえがいた旗が使われることがあります。

国のマーク～国旗

スポーツ大会の開会式では、参加国が国旗とともに紹介されることがある。国を代表する選手やチームが参加することを表している。

国際機関のマーク

←国際連合の活動では、国際連合の旗がかかげられることがある。
↓EU（ヨーロッパ連合）に加盟している大多数の国に共通のお金、ユーロには、EUのマークがえがかれている。

国旗の始まり

　自分たちの集団を表すマークは、古代エジプトや古代中国にも存在していたといわれています。やがて、国がまとまっていくうちに、ほかの国との区別をはっきりさせるために、国旗がつくられていきました。

敵と味方を区別するための目印

　エルサレムはキリスト教やユダヤ教、イスラム教の聖地で、11世紀はイスラム勢力が支配していました。西ヨーロッパのキリスト教の国ぐには、エルサレムを取りもどすという理由で、たびたび軍を送りました。これを、十字軍といいます。このとき、敵と味方の区別をわかりやすくするために、十字軍は、十字をえがいた旗を持ちました。この旗が、国旗のもとになったと考えられています。

　また、旗には、国王や領主の紋章がえがかれることもあり、オランダやベルギーなど現在のヨーロッパの国の国旗には、これがもとになっているものもあります。

↓十字軍のようすをえがいた絵。十字がえがかれた旗が見える。

PPS通信社

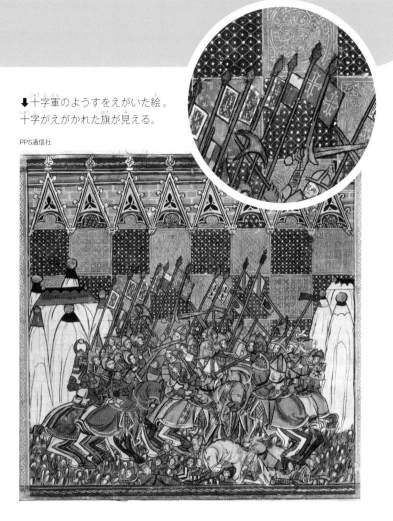

国や人びとの象徴に

　18世紀まで、国旗にあたる旗は、国王などの支配者がかかげるものでした。しかし、18世紀末にフランスで革命が起こり、国民が自分たちの国を打ち立てると、国旗は、国民の象徴として用いられるようになりました。そして、国民は国を愛する気持ちを表して、家や土地に国旗をかかげるようになりました。

　このような意味を持つ国旗は、やがて世界に広まっていきました。

←『民衆を導く自由の女神』（ドラクロワ作）1830年のフランス七月革命をえがいた絵。自由の象徴である女神が、国旗を持ち、民衆を導くようすがえがかれている。

PPS通信社

アジア

注）国旗のサイズは、原則として国連で使用している2：3の縦横の比率を使用しています。

❶ アゼルバイジャン共和国

首都：バクー。三日月と星はイスラム教の国であることを表し、青は空、赤は独立を守ろうとする固い決意、緑は農業と林業を表している。

❷ アフガニスタン・イスラム共和国

首都：カブール。2002年に新しい国旗になった。中央のモスクの上に「コーラン」冒頭の聖句が記されている。

❸ アラブ首長国連邦

首都：アブダビ。イスラム諸国の団結を呼びかける「アラブの色」の4色でえがかれ、連邦の7つの首長国の国旗の色がすべて入っている。

❹ アルメニア共和国

首都：エレバン。1991年にソ連から独立。赤は独立のために流された血を、青は空と大地、オレンジ色は国民の団結と勇気を表している。

❺ イエメン共和国

首都：サヌア。赤、白、黒の横三色旗は「アラブ国家統一」の理想を表し、赤は独立への情熱、白は未来への希望、黒はイスラムの勝利を表す。

❻ イスラエル国

主都：エルサレム。青はユダヤ教の高僧が祈りのときに使う肩かけ（ターリス）の色。中央はユダヤ人の伝統的シンボルである「ダビデの星」。

❼ イラク共和国

首都：バグダッド。赤は勇気、白は寛大さ、黒はイスラムの伝統を表す。中央にはアラビア文字で「アッラーは偉大なり」と書かれている。

❽ イラン・イスラム共和国

首都：テヘラン。緑はイスラム教、赤は愛国心を表し、白の上下にアラビア文字で11回ずつくり返し「アッラーは偉大なり」と書かれている。

❾ インド

首都：デリー。オレンジはヒンドゥー教、緑はイスラム教、白は仏教を表すともいわれる。中央の印はチャクラ（法輪）という仏教のシンボル。

❿ インドネシア共和国

首都：ジャカルタ。赤は勇気、白は潔白を意味し、国旗は潔白の上に立つ勇気の象徴とされている。赤と白は太陽と月を表す信仰の対象といわれる。

⓫ ウズベキスタン共和国

首都：タシケント。青は空、白は国土、緑は農業、赤は国を守る決意を表す。イスラム教国を表す三日月と12の星がえがかれている。

⓬ オマーン国

首都：マスカット。赤は外敵から国を守ること、白は平和、緑は大地のめぐみと農業、剣の紋章はスルタン（君主）の権威を表している。

⓭ カザフスタン共和国

首都：ヌルスルタン。澄みきった青空に、太陽と大きくつばさを広げて飛ぶワシを図案化した。左側には民族伝統の装飾模様がえがかれている。

⓮ カタール国

首都：ドーハ。元々は赤だったが、日光に当たって変色してしまったものを正式な色とした。9つのギザギザは独立のときの首長国の数を表す。

⓯ カンボジア王国

首都：プノンペン。カンボジアを代表する世界文化遺産アンコールワットがえがかれている。青は国土、赤は民族、白は仏教を表している。

⓰ キプロス共和国

首都：ニコシア。2本のオリーブの枝には平和への思いがたくされ、ギリシャ系住民とトルコ系住民の平和と協力を表している。

⓱ キルギス共和国

首都：ビシュケク。赤地の中央に40本の光のすじを放つ太陽と、その中に移動式住居ユルトの天井部分を図案化した、民族の伝統を表すデザイン。

⓲ クウェート国

首都：クウェート。緑は繁栄、白は純潔と高貴さ、赤は聖戦での流血を意味する勇気、黒は戦場と、そこでクウェート人の上げる砂煙を表している。

⓳ サウジアラビア王国

首都：リヤド。「アッラーのほかに神はなし。ムハンマドはアッラーの預言者なり」と書かれ、国宝の剣がえがかれている。

⓴ ジョージア（旧グルジア）

首都：トビリシ。2004年に大統領の属する政党の党旗を国旗として制定。この旗は、中世ジョージアで使われていたもの。

㉑ シリア・アラブ共和国

首都：ダマスカス。赤が武器、白が善、黒が戦いを表し、緑の2つの星は美しい大地とアラブの連帯を意味している。

㉒ シンガポール共和国

首都：シンガポール。赤は友愛と平等、白は純潔と高い徳を表し、5つの星は民主主義、平和、発展、正義、平等を示す。

㉓ スリランカ民主社会主義共和国

首都：スリジャヤワルダナプラコッテ。剣を持つライオンは古くからの国のシンボルで、四すみの葉は菩提樹の葉。

㉔ タイ王国

首都：バンコク。赤は国民を、建国伝説の白象に由来する白は仏教を、青はチャクリー王朝を表している。

㉕ 大韓民国（韓国）

首都：ソウル。中央の赤と青の円は太極といい、万物は別べつのものでありながら統一した調和を保つという、東洋思想に基づく宇宙観を表す。

㉖ タジキスタン共和国

首都：ドゥシャンベ。赤は労働者、緑は農民、白は知識人を示し、中央の紋章は国の主権、友情、すべての人びととの友好を表す。

㉗ 中華人民共和国（中国）

首都：ペキン。大きな星は中国共産党と人民の団結、小さな4つの星は労働者、農民、知識階級、愛国的資本家を表している。

㉘ 朝鮮民主主義人民共和国（北朝鮮）

首都：ピョンヤン。赤は国家建設、青は平和、白は光明を表し、星は共産主義国家の建設のシンボルとされている。

㉙ トルクメニスタン

首都：アシガバット。緑の地色と三日月と星でイスラム教国であることを示し、左側の伝統的じゅうたん模様は、代表的な5つの部族を表す。

㉚ トルコ共和国

首都：アンカラ。国旗の起源は、ビザンチウムが攻撃されたときに三日月の光に救われたという説や、オスマン・ベイの夢に基づく説などがある。

㉛ 日本国（にっぽんこく）

首都：東京。太陽信仰と「日出づる国」のイメージに基づくデザインの日の丸は「日章旗」と呼ばれ、古くから用いられた。1999年、国旗として制定。

㉜ ネパール連邦民主共和国

首都：カトマンズ。2つの三角形が重なった国旗。月と太陽がえがかれ、ネパールが長く栄えるようにとの願いがこめられている。

㉝ バーレーン王国

首都：マナーマ。2002年にギザギザの山を8つから5つに変更。イスラム教信者が行う5つの教えを表している。

㉞ パキスタン・イスラム共和国

首都：イスラマバード。緑はイスラム教の色、白は平和、月は発展、星は光と知識を象徴している。

㉟ バングラデシュ人民共和国

首都：ダッカ。緑は国民の力強さと農業の発展、赤は独立のときに流された血と太陽のめぐみを表す。

㊱ 東ティモール民主共和国

首都：ディリ。黒は植民地時代の暗黒、黄は独立への戦い、赤は独立のための戦いで流された血、白い星は希望を表している。

㊲ フィリピン共和国

首都：マニラ。太陽の8本の光のすじは独立運動に参加した8つの州と自由、星は主な3つの島、赤は勇気、青は正義、白は純愛などを表す。

㊳ ブータン王国

首都：ティンプー。黄色は国王の力を、オレンジ色はチベット仏教の信仰を表している。白い竜は国の守り神で、王家の象徴といわれる。

㊴ ブルネイ・ダルサラーム国

首都：バンダルスリブガワン。黄色はマレー人にとって幸福の色。中央にイスラム教を表す三日月、国の目標を書いたシンボルがえがかれている。

㊵ ベトナム社会主義共和国

首都：ハノイ。赤は社会主義国に多い色で、革命で流された血を表し、黄色の星は多くの民族の団結と統一を願うシンボル。

㊶ マレーシア

首都：クアラルンプール。赤と白の14本の帯は、首都と13の州を表し、月と星はイスラム教の象徴。黄色は王朝の色。

㊷ ミャンマー連邦共和国

首都：ネーピードー。黄色は団結、緑は平和と豊かな自然、赤は勇気と決断力を象徴し、白い星は地理的・民族的な一体化を表す。

㊸ モルディブ共和国

首都：マレ。赤は愛国心と自由のために流された血を表し、緑は平和と繁栄を表している。三日月はイスラム教の国であることを示している。

㊹ モンゴル国

首都：ウランバートル。黄色の紋章はソヨンボ（連台）と呼ばれ、全体で自由と主権を表す。赤は歓喜と勝利、青は不変の大地を象徴。

㊺ ヨルダン・ハシェミット王国

首都：アンマン。黒、白、緑、赤の4色は「アラブの色」。白い7角の星はイスラム教の聖典「コーラン」の基本の7句を表している。

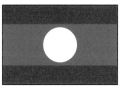

㊻ ラオス人民民主共和国

首都：ビエンチャン。白い円は満月で平和と仏教を意味し、赤は自由と独立のために流された血、青は国土とメコン川を表している。

㊼ レバノン共和国

首都：ベイルート。白は国名の「白い山」と平和を、赤は国への献身と犠牲を表す。中央は国民にとって神聖な木で、永遠のシンボルのレバノン杉。

国旗の形

オリンピックなどで使われる国旗は、縦横の比率が2：3の長方形を基本としていますが、正式には国ごとに比率が決まっています。日本の国旗のように2：3のもののほか、イギリスのように1：2の横長のもの、バチカンのように正方形のものなどがあります。アメリカは、1：1.9です。ネパールのように、変わった形の国旗もあります。

↑ネパールの国旗

※この本では、原則として2：3の縦横の比率を使用しています。

アフリカ

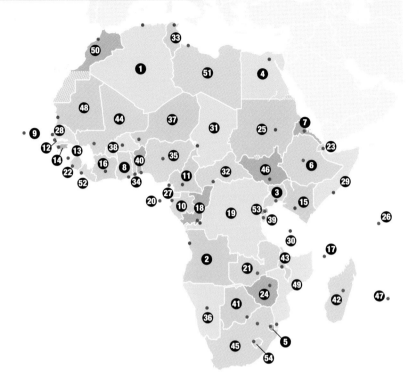

❶ アルジェリア 民主人民共和国

首都：アルジェ。三日月と星はイスラム教のシンボル、緑は繁栄、白は平和、赤は独立のために流された血を表す。

❷ アンゴラ共和国

首都：ルアンダ。赤は独立戦争で流された血、黒は国民を表している。歯車は工場労働者を、おのは農民を象徴している。

❸ ウガンダ共和国

首都：カンパラ。中央のカンムリヅルはウガンダの代表的な鳥。黒はアフリカの人びと、黄色は太陽のかがやき、赤は兄弟愛を表す。

❹ エジプト・アラブ共和国

首都：カイロ。赤は革命、白はアラブの未来、黒は過去の歴史を表し、アラブ統一の願いがこめられている。中央にある紋章はサラディンのワシ。

❺ エスワティニ王国 （旧スワジランド王国）

首都：ムババーネ。青は空と平和、黄色は豊かな資源と富、赤は自由のために流した血を表し、やりとたてに独立を守る決意がこめられている。

❻ エチオピア 連邦民主共和国

首都：アディスアベバ。横3色は「アフリカの色」で、青は平和の色。星は国民統合の象徴「ソロモンの星」。5本の光線は繁栄を表す。

❼ エリトリア国

首都：アスマラ。緑は農業が盛んになる緑地への願い、青は紅海、赤は戦争で流された血を表し、オリーブの枝の紋章は、平和を表す。

❽ ガーナ共和国

首都：アクラ。赤は独立運動で流された血、黄色は富、緑は森林資源と農地、黒い星はアフリカの自由を表している。「アフリカの色」の国旗。

❾ カーボベルデ共和国

首都：プライア。青は大西洋、赤は独立闘争で流された国民の血、白は平和、10個の星は大西洋にうかぶ国を構成する主な島じまを表している。

表と裏がちがう国旗

　表側と裏側が異なる、めずらしい国旗があります。南アメリカにあるパラグアイの国旗は、表と裏で、地の3色の配色は同じですが、えがかれている紋章がちがいます。国旗をつくるときは、表と裏の紋章をそれぞれ別につくり、ぬい合わせています。

パラグアイの国旗の表側。国章がえがかれている。

railway fx/Shutterstock.com

裏側には、ライオンと帽子の紋章がえがかれている。

Dmitrii Shirinkin/Shutterstock.com

11

⑩ ガボン共和国

首都：リーブルビル。緑は森林、黄色は太陽、あい色は海を表す。この国で医療活動を続けたシュバイツアーの本から色を決めたという。

⑪ カメルーン共和国

首都：ヤウンデ。中央の星はカメルーン全土の統一への願いを、緑は農業、赤は独立のための血、黄色は豊かさを表している。

⑫ ガンビア共和国

首都：バンジュール。青は国土を流れるガンビア川、白線は川の両岸を走る国道を、赤はとなりの国との友好を願う思い、緑は農業と希望を表す。

⑬ ギニア共和国

首都：コナクリ。アフリカ統一という理想を3色にたくしているとされる。赤、黄、緑の「アフリカの色」を取り入れている。

⑭ ギニアビサウ共和国

首都：ビサウ。赤はポルトガルとの闘争、黄色は富と太陽、緑は農業を表し、黒い星は国民の団結と国家の統一のシンボルと意味づけられる。

⑮ ケニア共和国

首都：ナイロビ。黒は国民、赤は自由のための闘争で流された血、緑は農業と天然資源、白は統一と平和を表す。中央はマサイのやりとたて。

⑯ コートジボワール共和国

首都：ヤムスクロ。オレンジ色は国民の明るさと繁栄、白は平和と純潔、国民の団結、緑は平和への希望と豊かな原生林を表す。

⑰ コモロ連合

首都：モロニ。三日月はイスラム教のシンボルで、4つの星は4つの島を表している。三角形の緑はイスラム教の色で、農業を意味している。

⑱ コンゴ共和国

首都：ブラザビル。緑は将来への希望と豊かな森林資源、黄色は誠実、寛大、ほこり、赤は青年の熱意を表す。緑、黄、赤は「アフリカの色」。

⑲ コンゴ民主共和国

首都：キンシャサ。2006年に制定された。赤は犠牲者の血、黄色の線は富、星はかがやく未来を表し、青は平和と希望を表している。

⑳ サントメ・プリンシペ民主共和国

首都：サントメ。2つの星はサントメ島とプリンシペ島を表し、緑は森林、黄色は国土の豊かさ、赤は独立を表す。

㉑ ザンビア共和国

首都：ルサカ。ワシは困難に打ち勝つ力強さと、赤は自由のための闘争、黒は国民、オレンジ色は鉱物資源、緑は農業資源を表している。

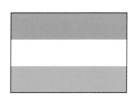

㉒ シエラレオネ共和国

首都：フリータウン。緑は農業と天然資源、白は統一と正義、青は海を表し、フリータウンが世界平和に役立つようにとの願いを表している。

㉓ ジブチ共和国

首都：ジブチ。青はイッサ族（ソマリア系）、緑はアファル族（エチオピア系）の民族を表し、白い三角形は平等と平和、赤い星は国家の統一を表す。

㉔ ジンバブエ共和国

首都：ハラレ。緑は農業、黄色は富、赤は独立闘争の血、黒は国民、白は平和を表し、栄光のシンボル「ジンバブエの鳥」がえがかれている。

国旗の工夫

バングラデシュやパラオの国旗は、日の丸に似たデザインですが、円は、中心から少しずれています。これは、旗がたなびいたときに円が中央に見えるような工夫です。また、フランスの国旗の3色のはばは、長い間、同じ比率ではありませんでした。旗がたなびいたときに、さおから遠い部分が短く見えるので、同じはばに見えるように、比率を変えていたのです。今も海上での国旗は、3色のはばが30:33:37の比率です。

↑バングラデシュの国旗（中央）。丸は横の20分の1旗ざお側に寄っている。

ArtisticPhoto/Shutterstock.com

↑パラオの国旗。黄色の丸が横の10分の1旗ざお側に寄っている。

Togrul Babayev/Shutterstock.com

㉕ スーダン共和国

首都：ハルツーム。赤は革命で流れた血、白は平和、黒はアフリカの統一と連帯を表す「アラブ統一の色」、緑はイスラムの繁栄と幸福を表す。

㉖ セーシェル共和国

首都：ビクトリア。青は空と海、黄色は太陽、赤は国民の統一と勤勉さ、白は社会正義と調和、緑は大地と自然環境の保全を表す。

㉗ 赤道ギニア共和国

首都：マラボ。緑は天然資源とジャングル、白は平和、赤は独立、青は大西洋を表し、中央にはパンヤの木をデザイン化した紋章が入っている。

㉘ セネガル共和国

首都：ダカール。緑は農業と希望、黄色は富、赤は独立のために流された血と苦難、努力を表し、中央の緑の星は自由と統一のシンボルとされる。

㉙ ソマリア連邦共和国

首都：モガディシュ。独立を助けた国連をたたえて国連旗と同じ青を用い、5つの地方を表す白い星に、民族と国土の統一への願いをこめている。

㉚ タンザニア連合共和国

首都：ドドマ。緑は国土と農業、黄色は鉱物資源、黒は国民、青はインド洋を表す。タンガニーカとザンジバルがひとつになった国。

㉛ チャド共和国

首都：ンジャメナ。青は空と未来への希望、黄色は太陽と砂漠と地下資源、赤は労働精神と発展を表す。フランスの三色旗を参考にしている。

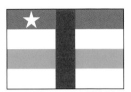

㉜ 中央アフリカ共和国

首都：バンギ。上半分はフランス国旗の色を、下半分は「アフリカの色」を使っている。黄色の星は自由と独立を表している。

㉝ チュニジア共和国

首都：チュニス。かつてこの国を支配していたトルコの国旗をもとにしている。三日月は古代フェニキア人の美の女神のシンボルといわれている。

㉞ トーゴ共和国

首都：ロメ。緑は希望と農業と国民、黄色は信頼、赤は博愛と忠誠、白い星は純潔を表し、5本の帯は5つの地方を示している。

㉟ ナイジェリア連邦共和国

首都：アブジャ。緑は森林と農産物の豊かさ、白は平和と統一を表している。一般公募で採用された国旗。

㊱ ナミビア共和国

首都：ウィントフック。青は青空、赤は独立のために流された血、緑は豊かな森林、太陽は独立の喜びを表し、太陽の黄色は鉱物資源を表す。

㊲ ニジェール共和国

首都：ニアメ。オレンジ色はサハラ砂漠と独立革命を、白は平和、中央の円は太陽を表し、緑は草原と川、繁栄を表している。

㊳ ブルキナファソ

首都：ワガドゥグー。赤は革命を、緑は農業、森林、希望を表し、中央の黄色の星は統一のシンボルであり、豊かな天然資源を表している。

㊴ ブルンジ共和国

首都：ギテガ。赤は独立と革命で流された血、緑は希望と発展、白は平和を表し、3つの星は主な民族とその協調を表す。

国旗を縦にかかげる場合は

　風のない室内では、旗がたなびかないため国旗を縦にかかげることがあります。この場合、ふつうは右に90度回転しますが、カントン（小さい区画）のある国旗は、カントンが左上になるようにする例が多いです。また、スロバキアのように、マークのある国旗は、マークの上下が横向きのときと同じになるように、縦向き用のデザインがある場合もあります。

← 縦にかかげたときのアメリカ国旗。

Richard Thornton/Shutterstock.com

← スロバキアの国旗。マークが縦向きになっている。

Jaroslav Moravcik/Shutterstock.com

13

㊵ ベナン共和国

首都：ポルトノボ。「アフリカの色」の国旗。緑は南部地方のヤシの森、黄色は北部地方のサバンナ、赤は両方の地域の結びつきと発展を表す。

㊶ ボツワナ共和国

首都：ハボローネ。水色は貴重な水に対するあこがれと、晴れわたる青空を表し、黒と白の帯は多数をしめる黒人と少数の白人との協力を表す。

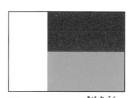

㊷ マダガスカル共和国

首都：アンタナナリボ。白と赤はこの国で最大のメリナ族の伝統的な色で、緑はベツミサラカ族の色。3色で自由、愛国、進歩を意味している。

㊸ マラウイ共和国

首都：リロングウェ。日の出はアフリカの希望と自由の夜明け、黒はアフリカの人びと、赤は自由のために流された血、緑は豊かな自然を表す。

㊹ マリ共和国

首都：バマコ。緑は農産物、黄色は天然資源、赤は勇気と独立で流された血を表している。緑、黄、赤の3色は「アフリカの色」。

㊺ 南アフリカ共和国

首都：プレトリア。赤は独立と解放運動のために流された血、緑は農業、青は空と海、黄色は鉱物資源、黒は黒人、白は白人を表している。

㊻ 南スーダン共和国

首都：ジュバ。黒は国民、白は平和、赤は自由のために流された血、緑は国土、青はナイル川の水を表している。

㊼ モーリシャス共和国

首都：ポートルイス。4つに分けられた色は、この国を構成する民族を表し、多民族国家の協調と繁栄を願う思いを表している。

㊽ モーリタニア・イスラム共和国

首都：ヌアクショット。月と星はイスラム教国であることを、緑は国の大半である砂漠を緑豊かな国土、農地に変えたいという願いを表す。

㊾ モザンビーク共和国

首都：マプト。じゅう、くわ、本は兵士、農民、知識階級を表し、緑は農業、黒は団結、黄は鉱物資源、赤は独立闘争を表す。

㊿ モロッコ王国

首都：ラバト。赤い旗は17世紀から用いられたもの。ほかの旗と区別するために国の安泰を象徴する「ソロモン王の星」が加えられた。

51 リビア

首都：トリポリ。2011年に緑一色の国旗から変更。赤、黒、緑の3色にイスラム教を表す白い三日月と星がえがかれている。

52 リベリア共和国

首都：モンロビア。国をつくることを支援したアメリカの国旗がモデル。自由、純潔、勇気を表し、星はアフリカ初の共和国のほこりを示す。

53 ルワンダ共和国

首都：キガリ。青は幸福と平和、黄色は経済力、緑は資源の豊かさを表し、右上の太陽は国民を団結へと導く希望の光を象徴している。

54 レソト王国

首都：マセル。2006年に制定された国旗。青は雨、白は平和、緑は国土と繁栄を表し、中央に王権の象徴であるレソト帽がえがかれている。

同じ色づかいの国旗、似ている国旗

国旗の中には、色づかいが同じものや、よく似ているものがあります。インドネシアとモナコの国旗は、正式な比率がちがうだけで、赤と白の配色はまったく同じです。また、ポーランドの国旗は、上下の色を入れかえたデザインになっています。

↑インドネシアの国旗

↑モナコの国旗

↑ポーランドの国旗

ヨーロッパ

(地図上の番号)
1, 28, 17, 25, 8, 40, 23, 41, 45, 31, 2, 5, 33, 32, 10, 24, 7, 44, 22, 19, 38, 42, 9, 27, 29, 16, 20, 13, 43, 15, 34, 21, 30, 4, 37, 6, 39, 3, 14, 12, 11, 35, 18, 26, 36

❶ アイスランド共和国

首都：レイキャビク。十字は
キリスト教国であることを示
し、青は大西洋、赤は火山、
白は氷河と雪原を表す。

❷ アイルランド

首都：ダブリン。緑はこの国
の古い要素を、オレンジ色は
新しい要素を、白は両者の和
解と友愛を表している。

❸ アルバニア共和国

首都：ティラナ。2つの頭（双
頭）を持つワシは、それぞれ
アジアとヨーロッパに目を配
り、この国が東洋と西洋の中
間点にあることを示している。

❹ アンドラ公国

首都：アンドララベリャ。フ
ランスとスペインの国旗を組
み合わせ、両国との深い関係
を表す。紋章は司教や領主の
紋章を組み合わせたもの。

❺ イギリス（グレートブリテン
及び北アイルランド連合王国）

首都：ロンドン。イングラン
ド、スコットランド、アイル
ランドの旗を組み合わせたも
ので「ユニオンジャック」と呼
ばれる。

❻ イタリア共和国

首都：ローマ。ナポレオン1世
がイタリアを統一したとき、
フランスの青を緑に変えて国
旗にした。緑は自由、白は平
等、赤は友愛を表している。

❼ ウクライナ

首都：キエフ。水色はウクラ
イナの青い空を表す。黄色は
その大地に育つ麦畑を表し、
世界有数の農業国であること
を象徴している。

❽ エストニア共和国

首都：タリン。青は空、黒は
大地、白は雪を表す。また、
同時に青は希望や友情、黒は
悲しい歴史を忘れないという
意志、白は明るい未来と発展
を願う国民の姿を表す。

❾ オーストリア共和国

首都：ウィーン。十字軍遠征
でレオポルド5世が敵と戦っ
たとき、純白の軍服に血を浴
び、ベルトの部分だけが白く
残ったといういい伝えによる。

❿ オランダ王国

首都：アムステルダム。オレ
ンジ色、白、青だったが、オ
レンジ色は海上で見にくいた
め赤に変えた。赤は勇気、白
は信仰心、青は忠誠心を表す。

15

⓫ 北マケドニア共和国
（旧・マケドニア旧ユーゴスラビア共和国）

首都：スコピエ。赤地に黄金の太陽からの光の筋がデザインされている。もとは16本の筋だったが現在は8本。

⓬ ギリシャ共和国

首都：アテネ。青は空とエーゲ海、白は純潔と平和を表し、青と白の9本の帯は独立戦争が9年間続いたことに由来するなど諸説ある。

⓭ クロアチア共和国

首都：ザグレブ。赤、白、青はスラブの国に共通する色。赤白のチェックがらはクロアチア伝統の紋章。その上の5つのたては5つの地域を表す。

⓮ コソボ共和国

首都：プリシュティナ。青地に黄色で国土の地図がえがかれている。6つの星はコソボの6民族を表し、民族の団結と調和を象徴している。

⓯ サンマリノ共和国

首都：サンマリノ。紋章はチタノ山にそびえる3つの塔で「リベルタス（ラテン語で自由の意）」と書かれている。白は純粋さ、青は空と海を表す。

⓰ スイス連邦

首都：ベルン。13世紀、神聖ローマ帝国から1州に与えられた赤地に白十字のたてがもとといわれる。正方形の旗が使われることが多い。

⓱ スウェーデン王国

首都：ストックホルム。かつて国王が「青空に金色の十字架を見た」といういい伝えによるといわれ、青は空、黄色の十字はキリスト教を表す。

⓲ スペイン王国

首都：マドリード。赤は民族の血、黄は国土を表し、国土を民族の血で守るという決意を表す。紋章は5つの王国の紋章を組み合わせたもの。

⓳ スロバキア共和国

首都：ブラチスラバ。白、青、赤の3色はスラブ系民族の国を示す。紋章はキリスト教の複十字と3つの山がデザインされている。

⓴ スロベニア共和国

首都：リュブリャナ。白、青、赤の「スラブの色」に、南アルプス最高峰トリグラフ山と3つの星をえがいている。

㉑ セルビア共和国

首都：ベオグラード。スラブ系民族の国を示す3色を上から赤、青、白の順に配置し、双頭のワシに王冠のついた国章がえがかれている。

㉒ チェコ共和国

首都：プラハ。白、赤、青の「スラブの色」を用いている。白はモラビア地方、赤はボヘミア地方、青はスロバキアの色といわれている。

㉓ デンマーク王国

首都：コペンハーゲン。世界最古の国旗といわれる。1219年「天から降りてきた、赤地に白十字の旗に勇気づけられて勝利した」という話に由来。

㉔ ドイツ連邦共和国

首都：ベルリン。1813年にナポレオン1世と戦った義勇兵の「黒服、赤い肩章、金ボタン」に由来する。黒は勤勉、赤は情熱、金は名誉を表す。

㉕ ノルウェー王国

首都：オスロ。デンマーク国旗の白十字の上に青い十字を重ねたもの。1905年のスウェーデンとの連合解消、独立により、国旗になった。

㉖ バチカン市国

首都：バチカン。ローマ教皇庁のある世界最小国。紋章の金と銀の2つの鍵は聖書の一節に由来する「ペテロの鍵」と呼ばれる天国のとびらの鍵。

㉗ ハンガリー

首都：ブダペスト。赤は愛国者の血、白は純潔、緑は希望を表している。以前、社会主義の国だったときは、中央に麦とハンマーがえがかれていた。

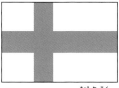

㉘ フィンランド共和国

首都：ヘルシンキ。白は雪、青は湖やぬま、空を表し、十字架は北欧の国であることを示す。

㉙ フランス共和国

首都：パリ。ブルボン王家の白とパリ市の色である青と赤を組み合わせたもの。3色はフランス革命の標語「自由、平等、博愛」を意味している。

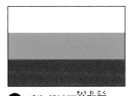

㉚ ブルガリア共和国

首都：ソフィア。独立を支援したロシアの国旗をもとに、青を緑に変えた。白は純潔と平和、緑は農業と豊かさ、赤は愛国心を表す。

㉛ ベラルーシ共和国

首都：ミンスク。赤は民族の独立を守る国民の血、緑は豊かな自然を表す。左側に白地に赤い伝統的な織物の模様がえがかれている。

㉜ ベルギー王国

首都：ブリュッセル。黒、赤、黄の3色は「黒地に赤い舌を出した黄色いライオン」という王家の紋章の色に由来する。

㉝ ポーランド共和国

首都：ワルシャワ。「赤い夕日を背に飛ぶ白いワシを見たら、そこに都を築け」という伝説からつくられたという。白は尊厳、赤は自由を表す。

㉞ ボスニア・ヘルツェゴビナ

首都：サラエボ。逆三角形は国土の形と3つの民族を表し、黄色は希望の象徴、青と星はEUの旗にあやかった。

㉟ ポルトガル共和国

首都：リスボン。赤は革命で流された血、緑は希望を表し、紋章の天球儀は諸外国との貿易のための海外航路の発展を表している。

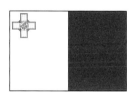

㊱ マルタ共和国

首都：バレッタ。白は純潔と正義、赤はマルタ人の情熱を表す。左上は第2次世界大戦での活躍に対しイギリスからおくられた聖ジョージ勲章。

㊲ モナコ公国

首都：モナコ。赤と白はモナコ王室の色。インドネシア国旗と同じデザイン。正式には縦横比が4対5。

㊳ モルドバ共和国

首都：キシナウ。青、黄、赤の3色はルーマニア国旗と同じで、民族的な親しみを表している。中央にワシの紋章がえがかれている。

㊴ モンテネグロ

首都：ポドゴリツァ。2004年制定。周囲を黄色でふち取った赤地の中央に、国章である王冠をかぶった双頭のワシがえがかれている。

㊵ ラトビア共和国

首都：リガ。茶色は13世紀の戦いでラトビア人指揮官の血に染まった包帯の色に由来し、さまざまな戦いで流された血、白は栄誉と誠実さを表す。

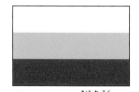

㊶ リトアニア共和国

首都：ビリニュス。黄色は太陽と幸福、緑は国土の美しさと希望、赤は大地の活力、独立のために流された血、自由のために戦った勇気を表す。

㊷ リヒテンシュタイン公国

首都：ファドーツ。赤は炉の炎、こん色は空を表し、王冠は国民と国家が一体であることを意味している。

㊸ ルーマニア

首都：ブカレスト。フランスの国旗に由来。青は空、黄色は穀物の実り、赤は国民の勇気を表している。

㊹ ルクセンブルク大公国

首都：ルクセンブルク。ルクセンブルク公家の紋章に使われている色を国旗に採用している。国名は「小さい城」という意味。

㊺ ロシア連邦

首都：モスクワ。ピョートル大帝がオランダの国旗をもとに制定した帝政ロシアの国旗が1991年に復活。白は高貴、青は名誉、赤は勇気を表す。

国旗の色が表す意味

国旗に使われている色も、いろいろな意味を持っています。赤は、血や情熱などを表すことがおおく、独立のときに流された血を象徴する例も多いです。このほか、白は、平和や希望、けがれがないという意味を、青は、空、海、水を、黄は黄金や富を、緑は農業や希望を表すことが多いようです。また、赤、白、黒、緑の組み合わせは、「アラブの色」、緑、黄、赤は「アフリカの色」といわれます。

↑ベトナムの国旗。赤は血を表す。

↑アラブ首長国連邦の国旗。赤は戦いで流れた血、緑は豊かな大地、白は中立、黒は戦いを表す。

北アメリカ

① アメリカ合衆国

首都：ワシントンD.C.。「星条旗」と呼ばれ、赤と白の13の帯は独立したときの州の数、50の星は現在の州の数を表している。

② アンティグア・バーブーダ

首都：セントジョンズ。太陽を中心に、黒は大部分の国民（黒人）、白はイギリス系国民、青は海、赤は独立と希望を表す。

③ エルサルバドル共和国

首都：サンサルバドル。中央に5つの火山と旧中央アメリカの旗、「自由の帽子」がえがかれている。紋章の正三角形は、平等を表す。

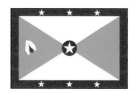

④ カナダ

首都：オタワ。中央のカエデの葉はカナダのシンボル。赤はカナダ国民の色。左右の赤は太平洋と大西洋、白は国土と国の発展を表す。

⑤ キューバ共和国

首都：ハバナ。赤は独立戦争で流された血、白は独立の精神、3本の青い帯は19世紀の3つの行政区を表し、三角形は自由、平等、博愛を表す。

⑥ グアテマラ共和国

首都：グアテマラシティ。青は海を、白は平和を表し、国中に平和が広がるようにという願いを表す。中央の鳥は自由の象徴、国鳥のケツァル。

⑦ グレナダ

首都：セントジョーンズ。黄色は富、緑は農業と繁栄、赤は国の独立、7つの星は6つの地域とその統一を表す。左の木の実は特産のナツメグ。

⑧ コスタリカ共和国

首都：サンホセ。青は美しい空、白は平和、赤は自由のために流された血を表す。紋章が入った国旗は公式行事用。一般には紋章なしで使う。

18

❾ ジャマイカ

首都：キングストン。緑は森林や天然の富、黒は国民と困苦、黄色のななめ十字は富と繁栄、太陽のかがやきを表す。

❿ セントクリストファー・ネービス

首都：バセテール。緑は農業、黒は国民、黄色は富、赤は独立を表し、2つの星は国を構成する2つの島を表す。

⓫ セントビンセント及びグレナディーン諸島

首都：キングスタウン。青は海と空、黄色は太陽と豊かな国土、緑は植物資源、3つのダイヤ型は3つの島を表す。

⓬ セントルシア

首都：カストリーズ。海に囲まれた火山の国をイメージして、黄色は国土と発展、黒と白は黒人と白人が協力して国づくりにはげむことを表す。

⓭ ドミニカ共和国

首都：サントドミンゴ。青は神、赤は祖国、白は自由、十字架はキリスト教国であることを表す。紋章には聖書と十字架、国旗がえがかれている。

⓮ ドミニカ国

首都：ロゾー。黄、黒、白の3色の十字はキリスト教、10個の星は教区を表し、緑は農業と森林を表す。中央は国鳥のオウム。

⓯ トリニダード・トバゴ共和国

首都：ポートオブスペイン。赤は国と国民の勇気、太陽のめぐみを、黒い帯は国民の団結と国の豊かさ、白線は海と2つの島を表す。

⓰ ニカラグア共和国

首都：マナグア。青は太平洋とカリブ海、白は正義を表し、紋章は中央アメリカ5か国を意味する5つの火山と「自由の帽子」がえがかれている。

⓱ ハイチ共和国

首都：ポルトープランス。フランスから独立したときに、フランス国旗から白を取り除いた。紋章に「自由の帽子」などがえがかれている。

⓲ パナマ共和国

首都：パナマシティ。青は独立当時の保守党、赤は自由党、2つの星は政党間が平和であることと国民の団結を表している。

⓳ バハマ国

首都：ナッソー。青はカリブ海と大西洋にはさまれた国であること、黄色は国土と太陽、黒は国民の大多数である黒人を表す。

⓴ バルバドス

首都：ブリッジタウン。青はカリブ海と大西洋、黄色は国土を表し、中央の絵は海の神ポセイドンが持つほこを表している。

㉑ ベリーズ

首都：ベルモパン。青はとなりの国との協調、赤は国の独立を守る決意を表す。紋章は国の木のマホガニーと二人の住民がえがかれている。

㉒ ホンジュラス共和国

首都：テグシガルパ。5つの星はかつて中央アメリカ連邦を結成していた親しみを表し、白はホンジュラスの国土、上下の青は海を表す。

㉓ メキシコ合衆国

首都：メキシコシティ。赤は民族統一、白はカトリック教会、緑は独立を表し、ヘビをくわえたワシの紋章は、アステカの伝説に由来する。

アメリカ合衆国の国旗の星の数

　アメリカ合衆国の国旗の星の数は、この国の州の数を表しています。18世紀後半に独立したときは州の数が13だったので、国旗も13個の星を円形に並べたデザインでした。独立当時は、ほかに13個の星を横に3・2・3・2・3と並べたデザインの旗もありました。今でも、大統領就任式では、2種類の旗がかかげられます。その後、州の数が増えるたびに、国旗の星の数を増やしました。ペリー来日のとき（1853年）、星の数は31個でした。現在の旗は、1960年にハワイ州が加わり、州の数が50になったとき以来使われています。星の数は、これまでに20回以上も変わっています。

←独立したころのアメリカ合衆国の旗。星の数が13だった。

Arina P Habich/Shutterstock.com

南アメリカ

❶ アルゼンチン共和国

首都：ブエノスアイレス。水色と白は独立のために戦った人びとの軍服の色。太陽は、独立戦争で勝利の日にかがやいたとされる「5月の太陽」。

❷ ウルグアイ東方共和国

首都：モンテビデオ。青と白の9本の帯は、19世紀に独立したときの9地方を表し、左上はアルゼンチンと同じ「5月の太陽」がえがかれている。

❸ エクアドル共和国

首都：キト。かつてコロンビアなどと共和国を構成していたため国旗の色が同じ。紋章はアマゾン特有のコンドルや火山や船などがえがかれている。

❹ ガイアナ共和国

首都：ジョージタウン。緑は農業と森林、白は川などの水資源、黄色は鉱物資源、黒は忍耐力、赤は国民の活力を表している。

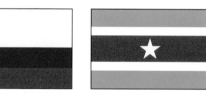

❺ コロンビア共和国

首都：ボゴタ。黄色は富、主権、正義、国土を、青は忠誠、警戒、大西洋を、赤は勇気、名誉、スペインからの分離を表している。

❻ スリナム共和国

首都：パラマリボ。緑は農業と国の発展、白は平和と正義、赤は独立と愛国心を意味する。黄色い星は国民の団結を表す。

❼ チリ共和国

首都：サンティアゴ。アメリカの国旗を参考につくられたともいわれる。赤は独立戦争で流された血、青は空、白は雪、星は国家統一を表す。

❽ パラグアイ共和国

首都：アスンシオン。赤は独立戦争、白は平和、青は秩序を表す。紋章には独立を記念する「5月の星」がえがかれている。

❾ ブラジル連邦共和国

首都：ブラジリア。緑は農業、黄色は鉱物資源、27の星は州の数と首都を表している。白い帯に書かれた文字は「秩序と発展」。

❿ ベネズエラ・ボリバル共和国

首都：カラカス。黄色は新大陸、青は大西洋、赤は勇気を表す。中央にえがかれた8つの星は7つの州と隣国ガイアナを表す。

⓫ ペルー共和国

首都：リマ。独立のときに将軍が見た「赤いつばさで白い胸の鳥（フラミンゴ）」に由来。紋章にはリャマや、キナの木などがえがかれている。

⓬ ボリビア多民族国

首都：ラパス＊。赤は動物、黄色は鉱物、緑は植物を表し、紋章にはコンドル、アルパカ、パンの木などボリビアを代表するものがえがかれている。

＊憲法上の首都はスクレ。

オセアニア

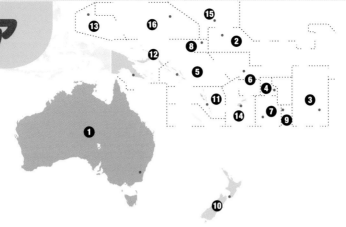

南十字星がえがかれている国旗は、その国が南半球にあることを示しています。オセアニアには、イギリスと特別な関係にあることを示す、ユニオンジャックを配置している国がたくさんあります。

❶ オーストラリア連邦

首都：キャンベラ。大きな星の7つの光は6つの州とタスマニア島からなる連邦を表し、右の5つの星は南十字星を示す。左上はユニオンジャック。

❷ キリバス共和国

首都：タラワ。太陽は世界で最初に1日が始まる国であることを表し、グンカン鳥は力、自由、希望のシンボル。3つの波は3つの諸島を表す。

❸ クック諸島

首都：アバルア。左上にユニオンジャックを置くこん色の旗を「ブルー・エンサイン」と呼ぶ。右の15個の星は15の主要な島を表す。

❹ サモア独立国

首都：アピア。赤は勇気、青は自由、白は純潔を表している。青地に5つの白い星で表された南十字星がえがかれている。

❺ ソロモン諸島

首都：ホニアラ。水色は海や川、雨、黄色のななめの帯は太陽、緑は自然にめぐまれた国を表し、5つの星は主要な5つの州を表す。

❻ ツバル

首都：フナフティ。イギリス連邦の一員であることを示すユニオンジャックをえがく。星は国を構成する9つの島、青は南太平洋を表している。

❼ トンガ王国

首都：ヌクアロファ。白は純潔、赤はキリストの聖なる血を意味する。赤い十字架は信仰を表し、キリスト教国であることを象徴している。

❽ ナウル共和国

首都：ヤレン。青は太平洋、黄色い帯は赤道を、白い星はナウルの位置を示す。星から出ている12の光は国家を構成する12の先住民族を表す。

❾ ニウエ

首都：アロフィ。4つの小さな星は南十字星でニュージーランドとの協調を示す。黄色は陽光とニュージーランド国民への温かい気持ちを表す。

❿ ニュージーランド

首都：ウェリントン。イギリス連邦の一員であることを示すユニオンジャックと、南十字星を表す白くふちどりされた赤い4つの星の組み合わせ。

⓫ バヌアツ共和国

首都：ポートビラ。赤は太陽、緑は島の豊かな森林、黒は国民を意味している。聖なる葉とブタのきばの紋章は国民の団結と豊かさを表す。

⓬ パプアニューギニア独立国

首都：ポートモレスビー。赤は太陽と国民の活力、黒は国民を表している。極楽鳥は幸福と親善のシンボル、5つの星は南十字星。

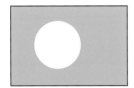

⓭ パラオ共和国

首都：マルキョク。青は太平洋を、黄色は愛と平和を象徴する満月をイメージしている。青は国連旗（→22ページ）の色でもある。

⓮ フィジー共和国

首都：スバ。水色は南太平洋を表し、紋章はカカオのからを持つライオン、バナナ、サトウキビ、ヤシの木、オリーブとハトがえがかれている。

⓯ マーシャル諸島共和国

首都：マジュロ。こん色は太平洋、オレンジ色は勇気、白は平和を表し、星のすじは24の行政区と十字架、2本の線は2つの列島を表す。

⓰ ミクロネシア連邦

首都：パリキール。青は太平洋を、4つの白い星は南十字星と主要な4つの州を表す。また、十字架を表し、キリスト教の国であることを示している。

国際機関などのマーク

さまざまな国際機関では国どうしが協力して、人類や世界のために働いています。国際連合（国連）の中に部門ごとに設けられている国際機関は、国連の旗を基本にしたマークを使っています。そのほか、国家連合体や地域協力のための組織にもマークがあります。

EPA＝時事

↑国際連合の総会のようす。中央上に、国際連合のマークが見える。

国際連合（国連）の旗

国際連合（国連）は、国際社会の平和と安全を保ち、国どうしの協力や友好を深める目的で、1945年10月に発足しました。
国際連合の旗は1947年の国連総会の決議によって制定されたものです。青地に白い世界地図と、それを囲むオリーブの葉があしらわれています。オリーブの葉は平和の象徴で、国際連合が目指す世界の平和の推進を表しています。

ASEANの旗

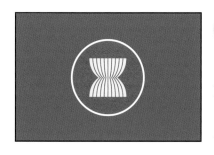

1967年に発足したASEAN（東南アジア諸国連合）は、2019年現在東南アジア10か国の経済・社会・政治・安全保障・文化に関する地域協力機構です。
マークの円の中央には、イネのくきがえがかれ、ASEAN創設者の夢である友好と結束による結びつきを表しています。

ヨーロッパ連合（EU）の旗

←日本とヨーロッパ連合の首脳会談。日本の国旗とヨーロッパ連合の旗がかかげられている。

AFP＝時事

ヨーロッパ連合（EU）は、ヨーロッパ諸国を経済的に結びつけるためのヨーロッパ共同体（EC）がもとになり、1993年に発足しました。2019年現在で、28か国が加盟しています。
旗の円形に並べた12個の星は、ヨーロッパの人びとの団結と調和を表します。

国連の機関のマーク

IMO

⬆️IMO（国際海事機関）

海運の安全と保安、船による海洋と大気の汚染の防止を担当する機関で、国連のSDGs（→6巻4ページ）を支援している。Oの文字の中に、いかりをデザインし、まわりをオリーブの葉のモチーフで囲んでいる。

unicef

⬆️ユニセフ（国連児童基金）

途上国や戦争などの被害を受けている国の子どもの支援を中心に活動する機関。「児童の権利に関する条約（子どもの権利条約）」を指針としている。マークには、地球をバックに、親子の姿がえがかれている。

International Labour Organization

◀️ILO（国際労働機関）

労働条件の改善を通じて、世界の恒久平和の確立に努める機関。マークは、政府、使用者、労働者による三者構成と仕事の世界を象徴する歯車の中に、I・L・Oの文字をデザインし、オリーブの葉のモチーフで囲む。

国際原子力機関

◀️IAEA（国際原子力機関）

原子力の平和的利用を進めることを目指す機関。マークは、原子力を象徴する原子核と電子をデザイン化している。

国際連合大学

◀️UNU（国連大学）

国連とその加盟国が関心を持つ地球規模の課題を解決するための研究・教育機関。日本に本部がある。マークは、国連のマークと、本が3冊重なった六角形。

World Meteorological Organization

⬆️WMO（世界気象機関）

気象に関する仕事について、国際的に統一できるよう改善、調整などを行う機関。国連のマークの上に星を置いている。

日本にある国際連合大学の本部（東京・渋谷区）。

©PIXTA

23

都市などのマーク

都道府県や市区町村などの地方自治体は、それぞれ「都道府県章」や「市章」などのマークを持っています。自治体によっては、シンボルマークを定めているところもあります。そのほかにも、地域おこしや特別なイベントなどにあたり、新しい地域のマークがつくられます。日本だけでなく、都市のマークは、外国にもあり、建物や制服などから見つけることができます。

都道府県のマーク

東京都の都営地下鉄の駅の改札口。東京都のシンボルマークがかかれている。

©PIXTA

地域おこしのマーク

地域おこしを呼びかける看板（大分県大分市）。活動を象徴するマークがえがかれている。

大分市

外国の都市のマーク

ドイツのベルリンのマークは、クマの姿をもとにしたもの。警察官のエンブレムにもついている。

Robnroll/Shutterstock.com

街中で見つかる都市のマーク

マンホールやガードレールには、都道府県や都市のマークが見られることがあります。ふだんはなかなか気づきませんが、気をつけて見てみると、おもしろい発見ができます。

マンホールにあるマーク

マンホールのふたには、その都道府県や市区町村のマークがえがかれていることがあります。

⤴東京都

まわりを、東京都の躍動、繁栄、潤い、安らぎを表現したシンボルマークが囲んでいる。

中央に、東京都の紋章がある。

⬆川崎市（神奈川県）

⬆大田区（東京都）

⬆沖縄市（沖縄県）

©PIXTA

観光シンボルマーク
ONOMICHI

⬆尾道市（広島県）

©PIXTA

天童市

⬆天童市（山形県）

ガードレールにあるマーク

車道と歩道を分けるガードレールも、よく見ると、都市のマークがデザインされていることがあります。

⬆東京都

⬆江戸川区（東京都）

25

都道府県のマーク

　全国の都道府県には、都道府県章やシンボルマークがあります。多くの場合、都道府県の形や名前にふくまれる文字、都道府県にゆかりの深い植物や動物などをデザインしています。地域の住民の団結や協力、ともに郷土をほこりとする気持ちなどを象徴するものとして、役所にかかげられたり、広報紙にのせられたりしています。

近畿地方

㉔ 三重県
「み」の文字と有名な真珠の養殖を象徴。

㉕ 滋賀県
「シガ」を図案化。中央は琵琶湖をかたどる。

㉖ 京都府
六葉形と「京」の文字をひとがたに図案化。

㉗ 大阪府
豊臣秀吉の「千成びょうたん」を図案化。

㉘ 兵庫県
「兵」の字を図案化したもの。

㉙ 奈良県
「ナ」の字を図案化したもの。

㉚ 和歌山県
「ワ」を図案化し、県民の和を象徴。

九州地方

㊵ 福岡県
「ふ」と「く」を図案化し、県花のウメの形に。

㊶ 佐賀県
円形は協和の象徴。3つの「カ」で三カ（さか）える姿を表す。

㊷ 長崎県
「Ｎ」と平和の象徴のハトを図案化。

㊸ 熊本県
「ク」を図案化し、九州の地形に。

㊹ 大分県
「大」を円形に図案化したもの。

㊺ 宮崎県
「日向（宮崎の昔の呼び名）」を図案化。

㊻ 鹿児島県
県の地形を図案化。中央の円は桜島を表す。

㊼ 沖縄県
外円は海洋で内円は県の発展性を象徴、白は沖縄を表現。

中国地方

㉜ 島根県
図案化した「マ」が4つで「シマ」と読む。

㉝ 岡山県
「岡」を円形に図案化したもの。

㉞ 広島県
「ヒ」の字を図案化したもの。

㉟ 山口県
「山口」の字を図案化し、はばたく鳥を表現。

㉛ 鳥取県
飛ぶ鳥の姿を「と」に造形したもの。

四国地方

㊱ 徳島県
「とく」の字を図案化し、融和・団結などを表す。

㊲ 香川県
「カ」の字を図案化し、県木のオリーブの葉を表現。

㊳ 愛媛県
瀬戸内海のめぐみと明るい未来を表す。

㊴ 高知県
「とさ」の字を図案化し、内側には「コ」の字をえがく。

北海道地方

① 北海道
開拓者精神と、雄々しく
のびる未来を象徴。

東北地方

② 青森県
県の地形を図案化
したもの。

③ 岩手県
「岩」の文字を図案
化したもの。

④ 宮城県
「み」の字と県花の
ミヤギノハギを図
案化。

⑤ 秋田県
「ア」の字を図案化
し、県が発展する
姿を表す。

⑥ 山形県
3つの三角形が、県
の山やまと最上川
を表す。

⑦ 福島県
「ふ」を図案化し、県
民の融和と団結を
表す。

中部地方

⑮ 新潟県
「新」を中心に「ガ
タ」を円形に模様化。

⑯ 富山県
立山をモチーフに、
中央に「と」を配置。

⑰ 石川県
「石川」の文字と県
の地形を図案化。

関東地方

⑧ 茨城県
ゆかりの深いバラ
の開き始めた形を
図案化。

⑱ 福井県
「フクイ」を図案化
し、県の発展と調和
を表す。

⑲ 山梨県
富士山と武田菱で
うるわしい郷土を
象徴。

⑳ 長野県
「ナ」を円形の中に
図案化したもの。

⑨ 栃木県
「栃」を図案化。3本
の矢印は「木」の古
代文字。

⑩ 群馬県
3つの山と「群」の字
を図案化。

⑪ 埼玉県
ゆかりの深いまが
玉を円形に並べた
もの。

㉑ 岐阜県
「岐」を図案化。丸は
平和と円満を表す。

㉒ 静岡県
富士山と県の地形
を図案化。

㉓ 愛知県
「あいち」の文字を
図案化したもの。

⑫ 千葉県
カタカナの「チ」と
「ハ」を図案化。

⑬ 東京都
「T」を中央に秘め、
躍動、繁栄、うるお
い、安らぎを表現。

⑭ 神奈川県
「神」の字を図案化
したもの。

27

都道府県庁のある市のマーク

市町村などの地方公共団体にもマークがあります。都道府県のマークと同じように、文字や絵をもとに、いろいろな意味をこめてデザインされています。ここでは、都道府県庁のある市のマークを取り上げています。自分の住む市区町村のマークの意味についても調べてみましょう。

近畿地方

㉔ 津市
「つ」に、緑で自然豊かな大地、青で伊勢湾の波をイメージ。

㉕ 大津市
「大ツ」を図案化。「大」は飛ぶ鳥を、「ツ」は琵琶湖を表す。

㉖ 京都市
漢字の「京」に御所車の車輪を組み合わせて図案化した。

㉗ 大阪市
大阪に昔からあった水路の標識「みおつくし」を図案化。

㉘ 神戸市
神戸の旧仮名表記である「カウベ」のカを図案化。

㉙ 奈良市
奈良八重桜をかたどり、花芯に漢字の「奈」を配置。

㉚ 和歌山市
ワカ山の「カ」を図案化。和は和カヤマの「和」を表す。

九州地方

㊵ 福岡市
「フ」を9個組み合わせて、「福（フク）」を表している。

㊶ 佐賀市
頭文字の「S」をもとに、人と人とのふれあいをイメージ。

中国地方

㉛ 鳥取市
鳥取藩の印の「〇」と「◇」を重ね、「鳥」の字を組み入れた。

㊷ 長崎市
漢字の「長」をデザイン。折りづるの形を星状に並べた。

㊸ 熊本市
「く」の字を図案化。市民の調和などを円形で表す。

㉜ 松江市
「松」を「公」と「木」に分けて図案化し、松の葉をイメージした。

㉝ 岡山市
中央に「岡」を図案化し、山をイメージする形でまわりを囲む。

㉞ 広島市
芸州藩の旗印をヒントに、川の流れを表現し水都広島を象徴。

㉟ 山口市
「山口」を図案化。円は市民の協力し合う気持ちを表す。

㊹ 大分市
「大分」の字を図案化し、円形は円満な市の発展を表す。

㊺ 宮崎市
「宮」を図案化したもので、外円は平和を表す。

四国地方

㊻ 鹿児島市
薩摩藩主の島津家の家紋に「市」を図案化した。

㊼ 那覇市
「ナハ」を円形に図案化。無限に発展していく市を表す。

㊱ 徳島市
徳島藩の徽章であった子持筋の下に「市」を配して図案化。

㊲ 高松市
漢字の「高」を4本の松の葉でひし形に囲った。

㊳ 松山市
「松」と「山」を組み合わせて図案化した。

㊴ 高知市
漢字の「高」を図案化した。

北海道地方

① 札幌市（さっぽろし）
六角模様は雪を表し、中央の星型は北斗星にちなむ。

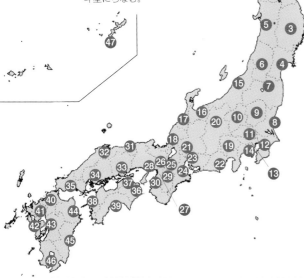

東北地方

② 青森市（あおもりし）
漢字の「青」を図案化。円は「月」を、星は「青」を表す。

③ 盛岡市（もりおかし）
南部藩南部印の菱形を直角に交差させたもの。

④ 仙台市（せんだいし）
伊達家の家紋をヒントに、「仙」を図案化した。

⑤ 秋田市（あきたし）
的の中に「矢留城（久保田城）」の形と、秋田市の「田」を表す。

⑥ 山形市（やまがたし）
山を図案化。3線は自由、平等、友愛、外円は団結、鋭角は固い意志。

⑦ 福島市（ふくしまし）
「フ」を9字、「マ」を4字合わせ、「フクシマ」を表す。

中部地方

⑮ 新潟市（にいがたし）
いかり、漢字の「五」、雪で開港5港のひとつである新潟を表す。

⑯ 富山市（とやまし）
富山藩の家紋「16の角菊紋」の中に漢字の「富」を配置。

⑰ 金沢市（かなざわし）
梅の花の形をした前田家の家紋の中に、漢字の「金」を配置。

関東地方

⑧ 水戸市（みとし）
「水」を図案化。中心に「卜」を3つ配置している。

⑱ 福井市（ふくいし）
福井城内の井戸のふちの形と漢字の「北」を組み合わせた。

⑲ 甲府市（こうふし）
武田氏の家紋のひし形をもとに、「甲」の象形文字を配置。

⑳ 長野市（ながのし）
漢字の「長」をシンプルな円形にデザインした。

⑨ 宇都宮市（うつのみやし）
宇都宮（亀が丘）城にちなみ、「宮」の字と亀の甲らを図案化。

⑩ 前橋市（まえばしし）
旧藩主松平氏の馬印「輪貫」からとったもの。

⑪ さいたま市（さいたまし）
「S」がモチーフ。緑色は、豊かな自然との調和を示す。

㉑ 岐阜市（ぎふし）
岐阜市の旧称「井の口」から、漢字の「井」を図案化した。

㉒ 静岡市（しずおかし）
静岡・清水、新「静岡市」の「S」を発想の基本に図案化。

㉓ 名古屋市（なごやし）
尾張徳川家の合印に使用されていた「丸に八の字」の印。

⑫ 千葉市（ちばし）
千葉氏の紋章である「月星」に千葉の「千」を配し図案化した。

⑬ 東京（とうきょう）
（都道府県庁所在地にあたる地方公共団体はない）

⑭ 横浜市（よこはまし）
「ハマ」の2字を上下に並べて図案化。

地域おこしのマーク

　都道府県や市区町村では、地域をより活気あるものとし、住民が生き生きと暮らせるように、地域おこしをしています。住民だけではなく、地域の外の人びとに向けても、地域おこしの活動を知らせ、効果を高めるために、活動にちなんだマークをつくっています。

→大分市で行われた地域おこしのイベント。イベントののぼりには、マークが使われている。

大分市

森林文化都市・鶴岡

鶴岡市

山形県鶴岡市の森林文化都市のマーク。市の面積の約7割をしめる森林で、文化に親しみ市民が笑う表情をイメージしている。

高知家の移住

高知県

高知県をひとつの家族に見立て、家族のように温かい高知県人に焦点を当てることで、高知県への移住をPRするマーク。

健康都市たいとう
ACTIVE & HEALTHY CITY TAITO

台東区

東京都台東区の健康都市宣言のマーク。豆が芽吹くようすをイメージし、三色の葉は、区民（自助）と区（公助）と地域（共助）が一体で健康づくりを行うことを示す。

大分市

南蛮文化＊発祥の地であることを大分県大分市がアピールするマーク。＊16世紀に日本にやってきたポルトガル人やスペイン人がもたらした文化。

**男女共同参画宣言都市
ゆくはし**

行橋市

福岡県行橋市の男女共同参画宣言都市のマーク。行橋（Yukuhashi）の「Y」を横向きにし、水色は市を流れる今川を、赤はコスモスを表す。

吹田市

大阪府吹田市の安心安全の都市づくり宣言シンボルマーク。市民がつながり、子どもが安心安全に育つ町をイメージしている。

健康都市やまと

大和市

健康都市をめざす神奈川県大和市のシンボルマーク。にじと太陽を組み合わせ、健康と元気にあふれる市をイメージしている。

潤水都市 さがみはら

相模原市

神奈川県相模原市。人と企業が集まることで、市民が生き生きと豊かに生活できる都市を目指す活動（シティセールス）のシンボルマーク。

埼玉県小鹿野町の「オートバイによるまちおこし事業」のシンボルマーク。小鹿野（OGANO）をオートバイの形にデザインしている。

小鹿野町

青森県七戸町の「七戸ドラキュラdeまちおこし」のブランドロゴマーク。7つの「へ」を重ねて町のつながりを表す。

七戸町

30

外国の都市のマーク

外国の都市にも、シンボルとなるマークや旗があります。えがかれているものは地域の伝説に登場する動物や、その土地にまつわるできごとなど、さまざまです。ここでは、ヨーロッパの都市のマークを見てみましょう。

フランスの首都パリのマークには、古い河港を表すガレー船の絵がえがかれている。

写真:SIME/アフロ

イギリスのロンドンのマーク。向かい合う2匹の龍はチューダー王朝の象徴、剣はロンドンの守護神セント・ポールを意味している。

写真:Alamy/アフロ

オランダのアムステルダムの旗は、3つの「×」が並ぶ。昔、町で起きた3つの災難や、ななめ十字架で処刑されたキリスト教徒を表すなど、さまざまな説がある。

MA PHOTOGRAPY/Shutterstock.com

スイスのチューリッヒでは、ななめに2等分され、左下は青、右上は白の2色を配した旗を州旗としている。

photogearch/Shutterstock.com

ドイツのベルリンのマークはクマ。ドイツ語でクマは「Bär」で、ベルリン(Berlin)の「Ber」にかけている。

写真:F1online/アフロ

マンホールにえがかれたドイツのドレスデンのマーク。領主の強さを象徴するライオンがえがかれている。

©PIXTA

31

団体のマークや記号

世の中には、官公庁（役所）、企業、学校など、さまざまな団体があります。団体や集団にふくまれる人びとのまとまりを象徴的に表したり、外に向けて団体のことを知らせたりする目的でマークが使われています。

企業のマーク

企業のマークは、企業のイメージを高める役割がある。商品を宣伝する看板やポスターにも使われている。

公的機関のマーク

宇宙航空研究開発機構（JAXA）のマークがかかれている施設。マークには、多くの人びとに親しみを持ってもらえるという役割もある。

JAXA

家や一族のマーク

かべにかかれている家紋。日本では古くから家や一族のまとまりの印として家紋が使われてきた。

企業のマーク

企業はそれぞれ、社章やシンボルマークを持っています。団体としてのまとまりを象徴するほか、多くの人に、その企業や商品を知らせる役割があります。店の看板などにもマークが使われていることがあるので、探してみましょう。

 通信

▲日本電信電話のマークがえがかれているマンホール。

NTT

日本電信電話
1本の曲線は無限の運動を意味し、社会の豊かな未来と革新を続ける企業姿勢を表す。

 銀行

▲銀行の入り口。

 MUFG

三菱UFJ銀行
中央の円は新しいグループを、外側の交差する円は国内外への広がりをイメージ。赤い色は、活力と情熱を表している。

MIZUHO

みずほ銀行
ロゴと動きのある赤い円弧によるデザインで、太陽がのぼる地平線をイメージ。社員一人ひとりの強い意思と情熱を表す。

 SMBC

三井住友銀行
上昇カーブは、価値あるサービス、先進的・革新的なサービスにより、お客さま、株主、社会と共に銀行が発展していく願いがこめられている。

 郵便局

 電力

 製薬

 郵便局

日本郵便
「J」は日本全国のお客さま、「P」は「日本郵政グループ」を表し、「郵便」「貯金」「保険」のユニバーサルサービスを提供し続ける姿勢を表す。

TEPCO

東京電力ホールディングス
東京電力のTEPCOという名前をデザイン。先進的でグローバルな企業イメージを伝えるマーク。

 Takeda

武田薬品
創業のころ、薬を運ぶために行きと帰りにこえていった山を上下にだき合わせた形の中に、英文で「Takeda」と表記している。

大正製薬
ワシは、鳥の王者であり、大空を羽ばたく姿は、会社が発展していくイメージにもつながることから決められた。

↓郵便局の入り口にあるマーク。

 建設

大成建設
かけがえのない地球の大地や海、または太陽といった自然環境との均衡を図り、より高く、より深く、より広く活動を続ける人間、そして会社を、力強いエネルギーとダイナミックさをこめて表現した。

TAISEI

食品（しょくひん）

自然を、おいしく、楽しく。

カゴメ
明治時代からトマトソースをつくっていることから、トマトのイラストと赤色がデザインに使われている。

kewpie
キユーピー
マヨネーズの製造・販売を始めた大正時代、人気があったキユーピー人形のように、多くの人に愛されるようにと願いをこめてシンボルマークに登録された。

森永製菓
明治時代、創業時の主力商品だったマシュマロの別名「エンゼルフード」をヒントに、天使がシンボルマークとなった。天使のつばさで森永の「M」をかたどっている。

日清食品
食を楽しむ人の口元、食を通じて広がっていく笑顔、食にかかせない食器を表現している。

キリン
聖獣麒麟は慶事の前に現れるとされる想像上の動物。

東洋水産（マルちゃん）
ブランドマーク「マルちゃん」に"食を通じ、みなさまに笑顔をお届けしたい"という思いをこめている。

雪印メグミルク
雪印メグミルク
ミルククラウンに、雪の結晶と北極星を組み合わせている。ミルクが持つ可能性に対する期待や挑戦の意気ごみを表す。

江崎グリコ
子どもがかけっこをしてゴールインする姿をもとに考えられた。特定のモデルはなく、時代とともに表情などが変わっている。

ハウス食品
ハウスの頭文字「h」をマーク化した。

コンビニエンスストア

セブン−イレブン・ジャパン
朝焼けのだいだい色、夕焼けの赤、オアシスの緑から、朝から夜までお客様のオアシスでありたいという思いがこめられている。

ローソン
ミルク缶のデザインは、会社のはじまりがアメリカのJ.J.ローソン氏が営む牛乳販売店だったことに由来。

百貨店・スーパー

MITSUKOSHI

三越
「三越」という店名は創業者の姓の三井の「三」と、創業時の店名越後屋の「越」を取った。筆の当たり所とはね先が縁起のよい七五三になるようにかすらせてある（円内）。

イオン
ラテン語で永遠を意味するアイオーンがブランド名の由来。AとEの中心の輪は、永遠の世界観と平和、一体感を表す。

イトーヨーカ堂
ひと目でわかる親しみやすいマークをイメージ。ハトの白は誠実を、青は清潔を、赤は若わかしい情熱を表す。

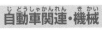 **自動車関連・機械**

ブリヂストン
頭文字の「B」には、限りなき挑戦を表す矢印と、燃える情熱を意味する赤い三角形が組みこまれている。

SUBARU
スバルはプレアデス星団の和名で、主に6つの星が見えることから「六連星」とも呼ばれる。マークにも6つの星がデザインされている。

ロイヤル・ダッチ・シェル
シェルは「貝がら」を意味する英語。19世紀に、東アジアで集めた貝がらをヨーロッパに運んでいたことから、マークに使われた。

日立製作所
円の中に漢字の「日」と「立」が組み入れられている。円の上下左右に突き出ている4個の突起は太陽のフレアを表す。

 日用品・おもちゃ

バンダイ
社名のローマ字をデザインした。創業当時、赤い箱におもちゃを入れて販売していたことをヒントにしている。

トンボ鉛筆
∞（無限大）の形の羽根を持つトンボが上を向いているデザインに、無限に成長をするという思いがこめられている。

花王
三日月をキャラクターにしている。この形は上弦の月と呼ばれ、この後満月になることから、会社の発展への願いがこめられている。

ワコール
頭文字「W」を花状にデザインし、「ファッションフラワー」と呼ばれる。花開く未来の象徴を表している。

 放送局

フジテレビジョン
人間の目をモチーフにしている。見る人に「あたたかさ」と「親しみやすさ」を感じさせるようにつくられた。

TBSテレビ
漢字の「人」をモチーフにしていて、「受け手」も「送り手」も人であるというメディアの姿を示す。マークは「ジ〜ン」と呼ばれる。

 ファストフード店

日本マクドナルド
アメリカの1号店の建物の両側にあった金色の2本のアーチが原形。

変化する企業のマーク

同じ会社でも、時代の変化に合わせて、マークが変わることがあります。花王のマークは、下のように変化しました。

1890年
（明治23年）

1897年
（明治30年）

1912年
（大正元年）

1925年
（大正14年）

1943年
（昭和18年）

1948年
（昭和23年）

1953年
（昭和28年）

1985年
（昭和60年）

※現在は上のマーク。

官公庁などのマーク

国の機関である省庁や公的な役割のために設けられている機関にもマークがあります。その機関の役割や目指す目標などをデザイン化して、国民に広く知らせるのに役立っています。

官公庁のマーク

↑スポーツ庁のマークの入ったポスター。

⚓内閣府

2枚の木の葉で内閣府の機能を大きく2つに分けて表現。間に光る太陽の光で希望に満ちた経済社会を創る内閣府を表す。

⚓総務省

四角い枠は日本の国土を、飛び出す球体は総務省を表す。快適な生活を支えるため、グローバルに活動する姿をイメージしている。

文部科学省

⚓文部科学省

目指す未来を示す羅針盤がモチーフ。上の円は進む方向、下の円の直線は、社会に開かれた姿勢を表す。

⚓経済産業省

調和を意味する正六角形がモチーフ。ほかの省庁との関連が大切であるとのメッセージをこめた。

防衛省
MINISTRY OF
DEFENSE

⚓防衛省

緑の部分は防衛省、青い球は地球のイメージ。隊員が両腕で地球を包んで守る姿を表現している。

⚓環境省

海や水に映る自然の山を表し、環境問題の解決への取り組みを、国民とともに進めていくという姿勢を表す。

公正取引委員会

⚓公正取引委員会

市場や経済の動きを監視する番人の「眼」を表現。また、鳥と真円で、「自由」で「公正」な市場の実現という目的を表す。

スポーツ庁

⚓スポーツ庁

スポーツの「ス」や漢字の「人」をデザインし、右上にのびる太い二重線と太陽のようなオレンジ色で「力強さ」を表現している。

⚓法務省

「法務省」を英文で表記するときの「MINISTRY OF JUSTICE」の頭文字、M、O、Jがモチーフ。

⚓外務省

漢字の「外」を円形にくずしたもの。1937年に考案された。

⚓人事院

「人」をモチーフに、未来への広がりに対する飛躍・発展とそれを支える人びとを表す。

復興庁
Reconstruction Agency

⚓復興庁

こい青色は、被災地の海など豊かな自然を表す。海から上る太陽は復興を意味し、被災地の速やかな復興に取り組む国の意思がこめられている。

⬆消防庁

「FDMA」は消防庁の英語名であるFire and Disaster Management Agencyの頭文字。

⬆特許庁

特許庁の英文名称である「Japan Patent Office」の頭文字「JPO」をモチーフとして、親しみやすさと信頼感を表現している。

⬆文化庁

円型と伝統的な市松模様の組み合わせで、多様な文化芸術の様相を表現している。

文化財愛護
シンボルマーク

文化庁芸術祭
シンボルマーク

⬆海上保安庁

赤い文字で海上保安官の情熱を表現。5つの波形は、海上保安庁が担う5つの使命と、つねに変化する国内外のさまざまな情勢をイメージ。

⬆気象庁

青い円は地球を表し、まわりを大気圏が包んでいる。波形の白線は、地球を周回する大気の流れをえがいたもの。

⬆国土地理院

英語名の略称「GSI」をアレンジし、緑の大地と青い海と空を表す。地球を包むような形の線は、測量・観測を行う人の手をイメージ。

⬆電力・ガス取引監視等委員会

大空から地上を見わたすタカを市場監視のイメージに重ね、つばさを広げたタカの姿をデザイン。下は、電力ネットワークのイメージ。

公共機関のマーク

➡国立科学博物館

⬆国立科学博物館

全体の形は恐竜やサメの歯、門のように、ひとつひとつは花びらやほのおのように見えるなど、人びとの想像力を刺激する形となっている。

⬆UR都市機構

花は、国土や都市などを、Uは都市で心地よく生活する人のイメージ。「快適な生活環境の中で暮らす人びとのかがやくさま」を表現している。

⬆宇宙航空研究開発機構(JAXA)

Aのモチーフの星は、「希望」、「ほこり」、「探求心」、「道しるべ」のイメージ。「人類の星となってかがやくように」という願いもこめられている。

⬆国立国会図書館

花びらが5つに分かれている花に、漢字の「書」を組み合わせている。

⬆大学入試センター

機関名の頭文字であるD、N、Cをデザインした。

⬆国立病院機構

国民の健康と日本の医療の向上を飛翔する「つばさ」で表し、Health（健康）、Hospital（病院）、Hospitality（ていねい）のHと組み合わせる。

⬆国立印刷局

中国に伝わる伝説上の生き物の鳳凰がモチーフ。1872年に明治政府が発行した新紙幣に採用されて以来、国立印刷局のシンボルマークになっている。

協会などのマーク

各種の産業に関わる企業などを取りまとめて調整したり、文化・スポーツなどに関係する事業を行う団体があります。それぞれの団体がたずさわる事業を表すマークやロゴがつくられています。

↑JFのマークの入っている石油タンク。

↑石油連盟

「Petroleum（石油）」の「P」の文字がモチーフ。赤は石油の安定供給、オレンジは石油製品の開発・供給、青は環境への配慮をイメージしている。

↑日本高等学校野球連盟

ホームベースに白球をかたどり、「F」の文字を組み合わせた。Fはフェデレーション（連盟）、フェアプレイ（正しいふるまい）、フレンドシップ（友情）、ファイトなどを表す。

↑農業協同組合（JA）

大きな三角形は自然・大地、小さな三角形は人間を表す。左はしの円は実り、さらに人の和をイメージしている。

↑全国漁業協同組合連合会

日本の漁協の英語名である「Japan Fisheries Cooperatives」のJとFを、波と柱のイメージでデザイン化した。

↑日本カラオケボックス協会連合会

カラオケボックスにはいつも音楽があることから、音楽で使われる記号のト音記号をデザイン化している。

↑日本棋院

中央で重なっている小さな黒い円と白い円が、黒と白の碁石（囲碁に使う石）を表している。

公益社団法人 日本観光振興協会
JAPAN TRAVEL AND TOURISM ASSOCIATION

↑日本観光振興協会

日の丸と組織をつなぐイメージの球体は協会組織の組織力と団結力を表現し、円の大小は加盟している各団体の組織の個性を表している。

↑日本ペンクラブ

国際ペンクラブで使われていた羽根ペンをかたどったマークを参考にデザインされた。

↑一般社団法人日本ガス協会

英語名である「The Japan Gas Association」の「JGA」を図案化して、組み合わせた。

↑商工会議所

英語名「Chamber of Commerce and Industry」の頭文字CCIがモチーフ。

↑日本動物園水族館協会

陸上動物と水生動物、そして人間との共生をえがいている。

NGO・NPOなどのマーク

NGOは、Non-Governmental Organization（非政府組織）、NPOは、Nonprofit Organization（非営利団体）の略です。NGOやNPOは政府や国際的な機関とはちがう立場で、さまざまな目的のために活動しています。団体の目的や理念を表すためにマークが使われています。

↑国境なき医師団の活動。

⊕公益社団法人アムネスティ・インターナショナル日本

世界最大の国際人権NGO。有刺鉄線は自由をうばわれた人びと、ろうそくは暗やみを照らす希望を表現。解決が困難と思える人権侵害を目の前にしても、希望をいだいて行動し続ければ、状況を打ちやぶることができるというメッセージがこめられている。

⊕特定非営利活動法人　国境なき医師団日本

独立・中立・公平な立場で医療・人道援助活動を行う。マークは危機のある場所にかけつける医師たちをイメージしていて「ランニングパーソン」と呼ばれる。

⊕特定非営利活動法人　ジェン（JEN）

世界各地で戦争や紛争、また自然災害の犠牲となった人びとへの支援活動を行う。7つの円（EN）は、「ENcounter（出会う）」、「ENcourage（勇気づける）」、「ENdeavor（努力する）」、「ENgage（巻きこむ）」、「ENtrust（信頼する）」、「ENjoy（楽しむ）」、「ENable（可能にする）」を表す。

⊕日比NGOネットワーク（JPN）

フィリピンの人びとを支援する国際協力のNGOのネットワーク。「Japan-Philippines」と「NGO Network」の文字でつくった輪の中に頭文字「JPN」の文字をシンボル化した。文字の色に、フィリピンの国旗の赤・青・黄を使用。

⊕特定非営利活動法人 ソーシャルイノベーションサポートセンター（SISC）

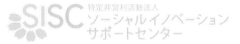

会社をつくろうとする人をサポートするNPO。会社をおこそうとする人が花開くようにとの願いをこめて、花びらをえがく。水色は、誠実さと透明度を表している。

⊕特定非営利活動法人 国際協力NGOセンター（JANIC）

世界で活やくする日本のNGOを支援する団体。17の円は「世界を変えるための17の目標（SDGs）」の実現を目指すNGOであることを表し、2つの円をもつ無限マークは、NGOとNGO以外の団体をつなぎ、両方の力を最大化するJANICの役割を表している。

⊕特定非営利活動法人 浜名湖クラブ

浜名湖を新たな視点でとらえ、遊びや学び、人との交流を目的にした活動を行う。頭文字「H」を使い、浜名湖の湖面をイメージした。

⊕認定NPO法人　環境市民

「持続可能で豊かな社会・生活」を目指して活動する団体。葉をモチーフにしたロゴには、「すべての生物が協力しあって生きていくために学び合う地域をつくりたい」という願いがこめられている。

⊕特定非営利活動法人 本庄ファンクラブ

埼玉県本庄市の魅力を発信する団体。市の魅力を作物（緑色）に見立て、作物が大地（茶色）と水（水色）に育まれ、太陽（赤）に向かって成長し、実り（黄色）をむかえることを表す。

自動車の色や形

　警察や消防、郵便など、公共の仕事をする自動車は、一般の自動車とはちがう色や形をしています。これらの色や形を見れば、その自動車がどんな仕事をしているのかがすぐにわかります。つまり、色や形がその団体のはたす役割を示すマークになっているのです。

白と黒　警察のパトロールカーは、一般の自動車と区別がつきやすいように、上が白、下が黒でぬり分けられています。

⬆パトロールカー

警視庁

⬆交通ミニパト

警視庁

赤　消防関係の自動車は、朱色（やや黄色っぽい赤）でぬることが法律で定められています。

⬆はしご車

⬆ポンプ車

⬆ミニ消防車

⬆救助車

⬆大型化学車

東京消防庁

夜、道路のそうじをする道路清掃車は、黄色の車体で、白い線が入っています。また、バンパーが、赤と白のしまもようになっています。

一般社団法人東京道路清掃協会

先行車

歩道のごみをはき出し、ロードスイーパーでは回収できないごみを回収する。

散水車

作業中にほこりがまわないよう、車道のはしに水をまく。

ロードスイーパー

ブラシを回転させ車道のごみを集め、ホッパー（タンク）に入れる。

ごみ運搬車

ロードスイーパーのホッパー（タンク）から、ごみを積みかえる。

白

救急車は、法律で白でぬることと定められています。赤い線が入ることもあります。

東京消防庁
救急車

自動車の回転灯の色

自動車に回転灯をつける場合、車両の種類によって、つけられる回転灯の色が決まっています。

赤は、パトロールカー、救急車、消防車などの緊急自動車。

黄は、道路管理パトロールカーや清掃車などの道路維持作業用自動車。

青は、防犯パトロールカーなど、自主防犯活動用自動車。

緑は、はば3mをこえるトレーラーをけん引するトラクターなどの運搬車両。

むらさきは、故障した車両が停止しているとき（走行中は使えない）。

家紋〜家や一族のマーク

日本には、古くから家紋という、家や一族を象徴するマークがあります。植物や動物、物などをデザイン化したものが多く、乗り物（牛車やかごなど）や持ち物、戦場での旗などにつけて目印にしました。

植物系

尾州葵

本多立葵

梅鉢

長門沢瀉

丸に諏訪割梶の葉

豊臣秀吉の家紋

豊臣秀吉は織田信長に仕えて出世し、後に天下を統一した武将です。家紋として、中央に7、左右に5の花がある五七桐を使いました。

太閤桐

豊国神社（京都府）にある桐の家紋。©PIXTA

丸に三つ柏

抱き柏

片喰

糸菱に片喰

糸輪に六つ朝顔

五七桐

仙台笹

彦根橘

藤堂蔦

撫子

九条藤

下り藤

近衛牡丹

三つ盛り木瓜

糸輪に三つ楓

笹竜胆

明智光秀の家紋

水色桔梗

動物・自然系

真向き兎

親子亀

丸に二つ雁金

因州蝶

浅野鷹の羽

中輪に割違い鷹の羽

半月

鶴の丸

南部鶴

織田信長の家紋

織田信長は尾張（愛知県西部）の小大名から領土を広げ、戦いの続く乱世の統一に向けて活やくした武将です。その家紋は木瓜の一種で、瓜の切り口を図案化したという説があります。信長は、ほかに、揚羽蝶などの家紋も使っていました。

織田瓜

波の丸

十二日足

七曜

徳川家康の家紋

徳川家康は豊臣秀吉の死後、関ケ原の戦いで勝利をおさめて天下をとり、江戸（東京都）に幕府を開いた武将です。家康は、三つ葉葵の家紋を使いました。この家紋は、徳川家とゆかりのある、日光東照宮などで見つかります。

徳川葵

↑日光東照宮にあるとうろうについている徳川家の家紋。

©PIXTA

建造物・器物系

汽船錨	井桁	丸に一つ石	奥平団扇	日の丸扇	鍵桐	糸輪に蛇の目傘	八幡宮兜

四つ鎌角	鐶松	十字杵	榊原源氏車	成り駒	対い飾り熨斗	水に帆	的に当り矢	中輪に蠟燭

文様・文字系

北条鱗	丹羽直違	三つ盛り亀甲に花菱	六方亀甲形	丸に九文字	丸に十文字

真田信繁の家紋

真田六文銭

蜂須賀万字	蛇の目	左三つ巴	右三つ巴	板倉巴	内隅入り平角	丸に三つ引

大内菱	七つ割隅立て四つ目
三階菱	藤輪

昔からあるサイン

西洋では、本人である証としてサインをすることが多くあります。日本でも貴族や武将は、文書の終わりなどにサインをしていました。これを花押といいます。

武将の花押

織田信長

豊臣秀吉

徳川家康

国立国会図書館

大学、高等学校などのマーク

学校の印を校章といいます。大学、高等学校、中学校には、通常、校章が定められています。校章とは別に、シンボルマークをつくっている学校もあります。これらのマークは、学校の旗や建物、パンフレットなどに用いられます。

↑大学のマークをえがいた旗。慶應義塾大学の野球の試合の応援で使われているようす。

大学のマーク

⬆北海道大学

構内に自生するエンレイソウをデザイン化。六方へ広がる花びらとがく片は、日本や世界へ向けての情報発信を意味する。

北海道大学

東北大学

⬆東北大学

仙台を象徴する植物のハギをモチーフに、世界に大きく広がっていく動きをデザインした。

東北大学

東京大学
THE UNIVERSITY OF TOKYO

⬆東京大学

2枚のイチョウの葉を組み合わせた。上の葉は秋に色づいたいちょうの黄色、下の葉はスクールカラーとされる青色になっている。

東京大学

名古屋大学

⬆名古屋大学

名古屋(nagoya)の頭文字の「N(n)」と、University (大学)の「U(u)」の中に漢字の「名」と「大」を組み入れた。緑色は若さのイメージ。

名古屋大学

大阪大学
OSAKA UNIVERSITY

⬆大阪大学

3つの輪を組み合わせてイチョウの葉を形づくる。3つの輪は大学・学生・市民などの3者が力を合わせているようすを意味している。

大阪大学

九州大学
KYUSHU UNIVERSITY

⬆九州大学

大学周辺に広がっていた松原の松が題材。松の葉が円形に並ぶようにデザインされた。

九州大学

⬆慶應義塾大学

「ペンには剣に勝る力あり」の一節から生まれた。ペンは、学びの尊さを表現している。

慶應義塾大学

⬆法政大学

法政(Hosei)の「H」にエネルギッシュな動きをつけた。オレンジ色とブルーは、スクールカラー。

法政大学

高等学校・中学校のマーク

←松本深志高等学校

漢字の「高」にトンボが止まっている。トンボは日本列島の本州を表し、本州の中央の存在となるようにとの思いからといわれている。

長野県松本深志高等学校

⬆明治大学

明治(Meiji)の「M」をモチーフに、これからの明治大学が「限りなく飛翔する」イメージや「親しみやすさ」を表現している。

明治大学

RIKKYO UNIVERSITY
PROVIDO
PATRIA
MDCCCLXXIV

⬆立教大学

たてのマークに、「立」と十字架、聖書がえがかれる。まわりに、アルファベットの校名と創立年の1874をローマ数字でえがく。

立教大学

⬆早稲田大学

1906年に校章の原型がつくられた。創立125周年を機に、伝統シンボルの校章、角帽、早稲田レッドをモチーフにデザインした。

早稲田大学

開成学園

←開成中学校・高等学校

明治時代の運動会で旗に書かれた「ペンは剣に優れり」の一節を図案化し、校章となった。

←世田谷学園中学校・高等学校

三角形は生徒が学ぶ姿、円弧は生徒がやがて活やくする世界をイメージ。両側から植物のリンドウとキリがやさしく包む。

世田谷学園

小学校の校章

小学校の校章は、学校のシンボルとして校舎や講堂などにつけられています。学校の名の一部や小学校の「小」という文字をデザインした校章が一般的です。

校舎の入り口にある校章。

統合してできた新しい校章

2、3校の小学校が統合して1つの小学校ができることがあります。このような場合、校章はまったく新しくつくられたり、統合前の小学校の校章のデザインを取り入れてつくられたりします。

茨城県取手市の取手東小学校は、3つの小学校が統合された小学校で、校章には統合前の3校の校章のデザインが取り入れられています。

←**小文間小学校**
末広がりを意味するおうぎのデザイン。

←**井野小学校**
知・徳・体の調和を意味する輪かく。

←**吉田小学校**
「小」の字が学びの場を意味するペン先のデザイン。

↑**取手東小学校の校章**
統合された3つの小学校の校章のデザインが取り入れられた。
取手市

いろいろな小学校の校章

↑**尾島小学校**
（群馬県太田市）
群馬県太田市は養蚕がさかんだったことから、カイコのえさとなる桑の葉を図案化した。校歌の歌詞にも「桑の葉」が登場する。

↑**旭が丘小学校**
（東京都日野市）
中心の「旭」が放つ朝日のかがやきは、限りない発展を願うもの。そのまわりには学校内にある松の木や、多摩丘陵などの山なみを配置している。

↑**権太坂小学校**
（神奈川県横浜市）
頭文字の「G」をもとに権太坂の地形のイメージをデザインし、中には「小」の字形に葉を配置。オレンジ色は力強い樹林を意味する。

↑**比屋根小学校**
（沖縄県沖縄市）
黄金色の円は海からのぼる朝日、3本線はかがやく海面のイメージ。2本の木が「比」の字を、つばさは未来へ羽ばたく児童を表す。

HARUHINO

↑**はるひ野小中学校**
（神奈川県川崎市）
School、Start、SunのSをデザイン。青のSは中学校、赤のSは小学校を表す。3本の縦線で、学校のある黒川地域の「川」を表現。

5巻さくいん

NDC
030

監修　太田幸夫　　国旗監修　吹浦忠正

改訂版　NEWマーク・記号の大百科 全6巻
⑤国旗や都市、団体

学研プラス　2020　48P　26.5cm
ISBN978-4-05-501318-5　C8301

監　　　修　　太田幸夫
国 旗 監 修　　吹浦忠正
イ ラ ス ト　　岡本まさあき、小俣千登勢
国 旗 図 版　　東京カートグラフィック株式会社
表 紙 画 像　　茨城県、大分市、埼玉県、宮城県、青森県、沖縄県、東京都、
　　　　　　　　一般社団法人日本ガス協会、文部科学省、トンボ鉛筆、キユー
　　　　　　　　ピー、千葉市、宇宙航空研究開発機構、全国農業協同組合中央会、
　　　　　　　　経済産業省、日本商工会議所、公益財団法人日本ユニセフ協会、
　　　　　　　　松山市、京都府
装　　　丁　　辻中浩一・小池万友美（ウフ）
本文デザイン　　isotope
編 集 協 力　　大悠社
　　　　文　　大悠社（大島善徳　西田哲郎）

改訂版　NEWマーク・記号の大百科 全6巻
⑤国旗や都市、団体

2020年2月18日　第1刷発行
2021年2月19日　第2刷発行

発行人　代田雪絵
編集人　代田雪絵
企画編集　澄田典子　冨山由夏
発行所　株式会社 学研プラス
　　　　〒141-8415 東京都品川区西五反田2-11-8
印刷所　凸版印刷株式会社

この本に関する各種お問い合わせ先
●本の内容については、下記サイトのお問い合わせフォームよりお願いします。
　https://gakken-plus.co.jp/contact/
●在庫については　Tel 03-6431-1197（販売部）
●不良品（落丁、乱丁）については　Tel 0570-000577
　学研業務センター　〒354-0045 埼玉県入間郡三芳町上富279-1
●上記以外のお問い合わせは　Tel 0570-056-710（学研グループ総合案内）

特別堅牢製本図書

◆監修　太田幸夫（おおたゆきお）

グラフィックデザイナー。多摩美術大学教授、日本サイン学会会長、NPO法人サインセンター理事長を経て太田幸夫デザインアソシエーツ代表、一般財団法人国際ユニバーサルデザイン協議会評議員。非常口サインを世界標準の図記号にするなど、ピクトグラムデザインにおいて国の内外で活躍。
おもな著書に、『ピクトグラム［絵文字］デザイン』（柏書房）、『ピクトグラムのおはなし』（日本規格協会）、『記号学大事典』（共著／柏書房）、『サイン・コミュニケーション』（共編著／柏書房）、『世界のマーク-由来や意味が分かる343点』（監修／主婦の友社）、『マーク・記号の大百科』全6巻（監修／学研）、『決定版 まるわかり記号の大事典』（監修／くもん出版）などがある。

参 考 文 献

『ピクトグラム［絵文字］デザイン』太田幸夫／著（柏書房）
『記号学大事典』坂本百大・川野洋・磯谷孝・太田幸夫／編集（柏書房）
『マーク・記号の大百科』太田幸夫／監修（学研）
『記号の図鑑』全5巻　江川清　太田幸夫／編著（あかね書房）
『決定版 まるわかり記号の大事典』太田幸夫／監修（くもん出版）
『記号とマーク・クイズ図鑑』村越愛策／監修（あかね書房）
『記号の事典［セレクト版］第3版』江川清　青木隆　平田嘉男／編（三省堂）
『しらべ図鑑マナペディア　マークと記号』村越愛策／監修（講談社）
『世界のサインとマーク』村越愛策／監修（世界文化社）
『もっと知りたい！図鑑　マーク・記号まるごと図鑑』村越愛策　児山啓一／監修（ポプラ社）
『世界のマーク-由来や意味が分かる343点』太田幸夫／監修（主婦の友社）
『よくわかる！　記号の図鑑』全5巻　木村浩／監修（あかね書房）
『歴史百科　第2号　日本紋章事典』（新人物往来社）
『日本の家紋　デジタル版』（青幻舎）

※本書は、『NEWマーク・記号の大百科』（2016年刊）を改訂したものです。

改訂版 NEW マーク・記号の大百科